1870-1871

DÉFENSE DE PARIS

ÉVREUX

ET SA

COLONIE

PARIS

TYP. PRISSETTE, PASSAGE KUSZNER, 17

LITH. HILLERAMP, BOULEVARD DE STRASBOURG, 63.

DÉDIÉ

Aux Fonderies d'Évreux dont les ouvriers sont venus, en deux fois, concourir volontairement à la défense de la Capitale.

PREMIER DÉPART

Ingénieur : M. LEPAINTEUR Constant.

Contre-maîtres : MM. VALLÉE, LEGRAIN père.

OUVRIERS :

MM. AUBER (Victor).
GOMBER (Théodule).
ULPAT (François).
PETIT (Augustin).
LEGRAIN Fils.
ANFRAY.
MIAU (Auguste).
GROUARD (Léon).
LECOQ (Désiré).
ENOS (Eugène).
LEBŒUF (Émile).
STOQUIAUX (Édouard).
LEROY (Charles).
LECOUVREUR Jeune.
MARCHAND (Germain).

MM. BRETON (Victor),
JOUARRISSE (Jean).
FARIN (Lucien).
HOUDOUX (Auguste).
THÉRY.
LEGENDRE (Anatole).
LARGESSE (Jules).
CHÉRON (Vital).
SOYÉ (Paul)
AUBER (Frédéric).
CHAUVET (Aristide).
GUÉRIN.
DEBONNIER (Jean).
DÉPEE (Eugène).
LEMOINE aîné.

DEUXIÈME DÉPART, à travers les lignes prussiennes :

MM. HUBLOT (Joseph).
HUBLOT (François).
PELLETIER (Anatole).

MM. LECOUVREUR aîné.
COGENT (François).
LEMOINE Jeune.

M. ROTTIER (Joseph).

1870 - 1871

DÉFENSE DE PARIS

ÉVREUX

ET SA COLONIE

Rien n'y a fait et c'était écrit ! Après quatre mois et demi d'efforts soutenus et de courage héroïque, après quatre mois et demi d'ardeur patriotique et de grandiose énergie, la ville aimée, la capitale de l'Europe, ou plutôt du monde entier, Paris, vient de succomber, vaincu ni par le fer, ni par le feu, ni par le courage, mais par la plus fatale et la plus lâche alliée d'un ennemi qui avait peur malgré ses victoires imprévues, par la faim !!! Autrefois, il y a bien longtemps, on se battait encore; la guerre est chose infâme, je le sais, mais puisque l'homme devait se battre, du moins il se battait ; on s'approchait l'un près de l'autre, pieds contre pieds, œil contre œil, et la force, et la bravoure, et la foi invincible dans le droit faisaient le reste ; tout cela n'est plus ; on se cache aujourd'hui ; on se frappe par derrière ; comme s'il avait honte de ses luttes fratricides, l'homme veut tuer son adversaire sans le voir ; c'est une lutte mécanique, horrible, et quand l'engin de guerre est impuissant, si formidable qu'il soit, on se met bien loin, on enferme son ennemi dans un cercle de fossés et de redoutes ; on tue les femmes et les enfants ; les vaillants, eux, les braves se rendent parce qu'ils n'ont plus de pain ! Paris n'en avait plus ! L'histoire dira s'il devait en avoir encore, l'histoire attachera tôt ou tard à chacun la responsabilité terrible qui lui incombe ; elle dira, l'Impartiale, que Paris pouvait tenir six mois si tel avait été le bon plaisir de ceux qui avaient pris entre leurs mains impuissantes ses suprêmes destinées ; elle dira tout cela, mais enfin Paris est tombé parce qu'il avait faim !

Les canons n'avaient pas refroidis depuis plus de quatre mois ! l'ennemi foudroyé par une artillerie formidable se vengeait sur la ville, en tuant tout ce qui ne pouvait se défendre ; Paris tenait quand même ; on faisait des cartouches, on fondait des pièces, on coulait des obus, on fabriquait des armes, chacun était soldat ; on couchait dans les caves ; on avait au cœur cette sublime joie de la résistance qu'il faut avoir éprouvée pour la comprendre ; on avait cette confiance étrange qu'inspirent l'amour de la patrie et la haine de l'ennemi ; on attendait tranquille, une victoire, une seule, même après mille défaites, et l'on riait......! Un matin, sans savoir pourquoi, Paris sut qu'il n'avait plus de pain, et Paris a été rendu; les armes sont tombées, inutiles, des mains de ses vaillants défenseurs épuisés! Relevez la tête, soldats, trahis et livrés plutôt que vaincus; pleurez votre défaite mais n'en rougissez pas car elle est moins honteuse, je le jure, que la victoire remportée sur vous.

S'il est une pensée qui fortifie et qui console, même après les plus grands désastres, c'est la pensée du devoir accompli; nous l'avons tous accompli ce devoir sacré de la défense; nous avons tous souffert les mêmes souffrances, enduré les mêmes angoisses, vous, surtout, Ebroïciens, et c'est à vous que je dédie ces quelques lignes; je mets dans cette dédicace tout mon cœur avec toute ma gratitude, et vous pouvez inscrire sur les parchemins de votre vieille cité une des pages les plus vraies et les plus glorieuses du Siége et de la Défense de Paris. Acceptez cet hommage d'un français qui vient dire à des français : Merci; c'est un frère dans le malheur qui vient vous serrer la main au nom de tous les Parisiens.

C'était en Septembre; l'ennemi, après des succès inouïs et qui l'étonnaient lui-même, marchait vers la capitale; la capitale l'attendait. Qui donc oubliera ces jours d'attente grave et virile ? qui donc pourrait oublier avec quelle sourde rage, mais aussi avec quelle mâle résolution on écoutait, là-bas, tout au loin, monter lentement le flot maudit de l'invasion ? Je me souviens, hélas ! de ma première garde sur les remparts, le 12 Septembre 1870. La nuit était claire ; à l'horizon de gigantesques lueurs rougissaient le ciel ; on brûlait meules et bois pour dégager la Zone militaire. Pourquoi n'a-t-on pas tout brûlé ! Cette grande ville silencieuse qui attendait, la main sur l'arme, l'heure du combat, m'inspira une admiration que je ne saurais décrire et je sentis qu'elle serait invincible. Elle l'a été ; oui, malgré tout, elle l'a été.

Ceux qui ne voulaient de Paris que les plaisirs prirent la fuite ; les autres, les hommes, restèrent.

Peu à peu, un à un, les grands bruits s'éteignirent autour de la ville géante ; les communications furent successivement interrompues ; chaque jour un pont sautait, une ligne était coupée ; le grand cercle ennemi se rétrécissait de plus en plus ; puis, tout se tut, Paris était investi !

Vous leur demanderez à ceux que vous allez revoir ce que fit Paris alors ; de ce chaos d'éléments divers et confondus, de ce pêle-mêle étrange de tous-hommes et de toutes choses, il sortit comme une étincelle électrique qui galvanisa tout pour la défense ; le chaos devint foyer ; le pêle-mêle devint une fermentation monstrueuse qui produisit en quelques jours, pour ainsi dire, hommes, armes, munitions, cœurs et âmes ! Avec du pain Paris était imprenable !

J'ai parlé de ceux qui avaient pris la fuite, je veux parler de ceux qui sont accourus, au contraire, et qui, sans ostentation de patriotisme, sans profession de courage, ont travaillé en soldats obscurs pour la liberté du pays. Lorsque Paris fut investi, le 18 Septembre, lorsqu'il en fut réduit pour tout à ses propres ressources, trente hommes étaient venus s'y enfermer volontairement et sauver ainsi la fabrication des projectiles de guerre que Paris n'avait pas et sans laquelle toute résistance devenait illusoire. Ces trente hommes étaient trente Ebroïciens que d'autres rejoignirent plus tard. Je vous dirai leurs noms car ils méritent d'être connus; ils méritent surtout d'être retenus.

Depuis longtemps déjà les fonderies d'Evreux fabriquaient à Evreux même des obus; monsieur de Jean propriétaire Directeur de ces fonderies, pressentait-il de quelle utilité il serait un jour dans le grand drame de la Défense Nationale? Lorqu'on apprit la marche des armées allemandes sur Paris, grand émoi, naturellement, en province : grand émoi surtout aux fonderies dont le matériel important pouvait être utilisé par l'ennemi si le malheur voulait qu'il vint jusque là; que faire! Monsieur de Jean était absent, appelé à Rouen par de graves affaires; monsieur Lepainteur, l'Ingénieur des fonderies, trouva l'idée, et la meilleure, spontanément; il télégraphie à Rouen et s'offre de partir à Paris avec tout le matériel; monsieur de Jean répond par la même voie : « Idée aussi bonne que patriotique; j'agis immédiatement, tenez-vous prêt. » Pas une minute ne fut perdue; on fit promptement réquisitionner les wagons nécessaires au transport de l'outillage considérable dont on avait besoin, et le surlendemain tout partait. — Cela se passa comme par enchantement; mais, le matériel ne suffisait pas; Paris n'avait pas de mouleurs spéciaux, et il en fallait. Cette seconde partie de l'idée, qui paraissait la plus difficile, fut cependant la plus simple comme exécution grâce à l'ardeur généreuse de la ville d'Evreux : vous allez en juger.

Monsieur Lepainteur ne prépara aucun discours, il prit une feuille de papier, écrivit en tête : « Défense de Paris. Départ volontaire. » et plaça son nom sous cette ligne aussi courte qu'éloquente; elle fut comprise, cette éloquence, et une heure après, les noms de tous les ouvriers couvraient la feuille. Il n'en fallait que trente, on n'en prit que trente! Les instants étaient précieux, les heures comptées, tout se fit sans éclat avec cette simplicité que connaissent seuls les vrais dévouements; dès le soir les petits paquets furent faits; le lendemain matin on était à la gare où l'on n'avait que le temps d'embrasser bien vite femmes et enfants...... et l'on partait. Disons vrai, le cœur était gros, mais la résolution était ferme; l'espoir était si grand! Et puis le patron, monsieur de Jean, n'avait-il pas dit en les quittant et en leur serrant les deux mains : « Mes amis, allez; je me charge de vos femmes, et tant que j'aurai quelque chose, la moitié sera pour elles. » Avec de pareils exemples, que ne ferait-on pas.

L'installation à Paris fut aussi rapide que le départ; M. Girard, membre du Conseil d'Administration des Fonderies d'Évreux, homme d'action par excellence, et comme il nous en aurait fallu beaucoup, hélas ! se multiplia pour installer au mieux et au plus vite des gens qui avaient si bonne volonté à l'ouvrage ; on se fixa d'abord dans l'usine de Mme veuve Thiébaut ; mille obstacles, mille difficultés, mille problèmes se présentaient ; grâce à l'activité fiévreuse de MM. Girard et Lepainteur, aidés du concours précieux de M. Lechevalier, Directeur de l'Usine, tous les obstacles furent surmontés, toutes les difficultés aincues, tous les problèmes résolus.

Ah ! si tout le monde avait travaillé ainsi !

L'arrivée de notre petite troupe était bien utile, car, à peine les premières tables posées, à peine chaque homme à sa place, les commandes de la Guerre et du Génie Civil vinrent faire plier sous leur poids énorme nos vaillants travailleurs. M. Lepainteur connaissait bien les hommes d'Évreux ; il court au télégraphe et demande courrier par courrier d'autres mouleurs normands ; une seule ligne était encore ouverte, arriverait-on à temps ! la dépêche est lue, dix volontaires se présentent, courent à la gare, partent sans se retourner et trouvent à quelques lieues la voie interrompue ! Le retour à Évreux fut triste ; on songeait à ceux qui étaient arrivés et se rendaient déjà utiles. Il eût été facile, n'est-ce pas, d'invoquer ce premier élan pour s'en tenir là et rester au logis ; allons donc ! le surlendemain sept de ces dix hommes se réunissent ; la même pensée les poussait ; il fallait partir quand même. Paris était investi précisément de ce côté, qu'importe ; ce que l'on veut on le peut, et l'idée de rejoindre les premiers partis était trop fixe pour qu'on l'abandonnât; donc, à la grâce de Dieu! on se concerte; on se promet secours mutuel si le danger se présente, on se serre la main et quelques heures après on se met en route. Raconter en détail les péripéties de ce voyage serait trop long; ces hommes partent à pied, voyagent jours et nuits, ne s'arrêtent que juste le temps nécessaire pour reprendre des forces, atteignent les lignes prussiennes, s'y engagent bravement, sont arrêtés trois fois et trois fois déjouent les questions qui leur sont faites (oh! ces normands!) arrivent aux extrêmes avant-postes, sont séparés par une alerte, passent la Seine à la nage chacun de leur côté, essuient le feu des sentinelles allemandes et françaises, évitent les obus du Mont-Valérien, entrent dans Paris, se font reconnaître avec bien de la peine, et tombent, un beau matin, dans l'Usine Thiébaut où on les prend, ma foi, pour des revenants!

Je ne commente pas cette action, j'ai les yeux humides en l'écrivant, et voilà tout. Vous dire comme ils furent reçus serait inutile; ils m'ont raconté le fait comme on raconterait une bonne plaisanterie, et ils ne se doutaient même pas, les braves, que cette bonne plaisanterie était le plus pur, le plus sain de tous les courages, celui toujours qu'on ne pense pas à récompenser.

Et tout cela ce n'est rien, rien encore; l'élan peut n'être qu'un mouvement involontaire, nerveux, irrésistible, mais l'élan n'est pas la lutte, et la lutte de ces hommes a été longue, généreuse. Ce renfort sauvait toute la situation; M. Lepainteur installa de nouveaux ateliers, multiplia les commandes; M. Girard fonda une cantine, créa des employés, en un mot se fit le père de cette bonne famille; la famille ne l'oubliera pas, j'en suis sûr.

Ce fut l'heure vraie du combat, le plus bel effort de la résistance; tout marchait avec un entrain, une union rares; le moment était pourtant délicat; la grève des fondeurs parisiens n'était pas encore terminée; on pouvait craindre des rivalités dangereuses, des piéges et des obstacles sans nombre suscités par la jalousie et le besoin du travail; grâce au vrai sentiment national de tous les ouvriers de Paris, rien n'arriva; le personnel et les ouvriers de l'usine Thiébaut comprirent l'abnégation de leurs collaborateurs de province; Parisiens et Ebroïciens se mirent à l'œuvre, côte à côte, sans rancune, sans arrière-pensée, et l'atelier, pendant tout le siége, offrait aux visiteurs toujours bien accueillis le spectacle touchant d'une ruche travailleuse, ardente à la tâche, infatigable, prête à tout. Beaucoup ont fait comme moi; après avoir visité l'usine Thiébaut, ils demandaient la permission d'y revenir et quand ils y étaient revenus, ils y revenaient encore. Pour moi, j'en conserverai un long souvenir; je me rappellerai mes entretiens pleins d'intérêt avec les contre-maîtres, MM. Vallée et Legrain père, qui savaient communiquer leur activité à tous et obtenir sans pression, sans fatigue même d'autorité, de véritables miracles de production. Ce sont les bons contre-maîtres qui font les bons ouvriers, et M. Lepainteur avait bien emmené tout son monde.

Le travail débordait encore la colonie; il fallut aviser et créer à la fabrication des projectiles de guerre des proportions imprévues ; les fonderies d'Evreux n'étaient pas au-dessous de cette tâche, elle l'ont montré. Après quelques jours de démarches actives, MM. Girard et Lepainteur obtinrent la coopération de 13 principaux fondeurs de Paris; les fonderies de MM. Courtois, Brosse, Garvin, Moineau, Bray, Letourneur, Lepet fils aîné, Denevers, Rigot, Pradel et Cibié, Richer et Gachot, Humbert, Callebaut, s'associèrent avec une sympathique ardeur aux travaux du groupe ébroïcien, qui du reste fit honneur et tint tête à toutes les exigences de cette difficile entreprise; pendant que l'on coulait les obus, on fabriqua le matériel pour toutes les usines annexées, et bientôt, sur tout le vaste périmètre de Paris, nos pièces de terre et de marine vomissaient sur l'ennemi une pluie de projectiles toujours renouvelée, toujours inépuisable. Il faut rendre cette loyale justice à l'industrie parisienne, c'est qu'elle a donné son concours plein, entier, et tous ces efforts réunis constituaient la plus terrible défense de la capitale. Ainsi ces 40 hommes partis d'Evreux, arrivaient à Paris, se mettaient à l'œuvre, formaient un noyau sérieux de fabrication, et devenaient au bout d'un mois la cheville ouvrière d'un travail dont l'importance pouvait et devait sauver Paris. Sans eux, il eût fallu deux longs mois au moins pour organiser une installation aussi compliquée. L'ingénieur seul pourrait dire quelle somme de patience éprouvée, de fatigue énervante il a fallu subir pour mener à bonne fin une entreprise aussi grave; il ne vous le dira pas, et je lui demande pardon de mon indiscrétion; mais qu'il sache bien que tous ceux qui l'ont vu et compris lui conservent la plus méritée et la plus affectueuse estime.

Tout marchait donc, après des peines inouïes et des complications d'entraves que je ne veux pas approfondir, lorsque notre chère et intéressante colonie eut à supporter des coups plus durs que jamais. C'était pourtant beaucoup déjà d'avoir à penser aux absents dont on ne recevait aucune nouvelle, de se demander dans combien de temps on pourrait les revoir, il fallut qu'un nouveau danger vint s'ajouter à tant d'autres; la petite vérole sévissait à Paris depuis longtemps, ceux qui étaient venus le savaient; le fléau se vengea et s'abattit comme un coup de foudre sur nos braves Ébroïciens. On avait tout prévu, peut-être, excepté la maladie, elle fut cruelle et frappa. J'ai vu l'atelier pendant cette navrante bourrasque, et j'ai fait des vœux bien partis du cœur pour qu'aucun malheur n'arrivât; quatorze fois, l'horrible mal coucha un de nos travailleurs, quatorze fois il fut vaincu.

Rien ne put démoraliser les mouleurs; de temps en temps, entre deux coulées, on courait voir le malade; le voisin travaillait pour deux; puis on revenait reprendre la tâche. On se relayait pour ces fraternelles visites et ma foi, tout aidant, le compagnon en revenait.

Il y a des remèdes, voyez-vous, que la médecine ne connaît pas et qui sont infaillibles, c'est une parole réellement amie, une étreinte cordiale, en un mot la solidarité dans le danger commun, qui rend chacun fort et presque invulnérable. Notre colonie l'a bien comprise cette franche et belle union, et si elle revient à vous, au complet, si personne n'est tombé pendant cette bataille de cinq mois, c'est que tous ont su se tenir par la main, tous se sont aimés et secourus, tous, sans exception, n'avaient qu'un seul cœur pour un seul but, la défense de Paris. Que de choses je pourrais dire si je racontais ce que je sais, si je disais ce que j'ai vu. Un jour, il m'en souvient, j'étais dans l'atelier où l'on me recevait comme un ami de chaque jour, *le brave père Vallée*, comme on l'appelait, m'expliquait avec grand soin quelle qualité devait avoir la fonte nécessaire à la fabrication des projectiles; tout à coup les hommes quittent précipitamment leurs places, l'atelier se vida et pourtant la cloche n'avait pas sonné; mon étonnement fut plus grand encore en voyant le contre-maître sourire d'un air ému : « Venez, me dit-il, et vous allez comprendre. » Je sortis avec lui; dans la cour les quarante hommes étaient là, le nez en l'air, bouche béante, parlant à peine, les yeux brillants. En haut, un ballon planait fièrement, et c'était la seule cause de cette pauvre petite grève de cinq minutes. Il emportait, ce ballon, bien des cœurs enveloppés dans de petits carrés de papier; il allait là où l'on n'allait pas et les yeux jaloux le suivaient, et l'on rentrait se remettre à l'ouvrage sans rien dire. Nous nous regardâmes le contre-maître et moi, et nous serrant la main, nous nous comprîmes.

Mais on avait bien d'autres épreuves à supporter, et j'écrirais un volume s'il me fallait les dire; les mois succédaient aux mois et Paris ne voyait rien venir!. Comptant toujours sur ce suprême secours de la dernière heure qu'on lui promettait, il luttait avec une ténacité que l'avenir jugera et admirera ; cette fièvre, comme toutes les fièvres, créa fatalement dans le sein de la Capitale-mère, des convulsions prématurées dont le résultat, hélas ! ne pouvant être le salut ne fut qu'un stérile avortement ; de grands frissons mystérieux n'en avaient pas moins parcouru les masses et la Colonie Ébroïcienne, perdue au milieu de cet océan parisien, risquait d'être entraînée par le courant et de s'égarer. Rien de tout cela n'arriva ; on était venu à Paris pour le défendre et non pour faire de la politique ; on ne fit pas de politique, on défendit Paris, et je le dis bien hautement, si tous avaient compris avec autant de cœur que chacun doit remplir sa mission, si chacun avait travaillé son travail, l'ennemi écrasé et vaincu subirait aujourd'hui les lois qu'il va nous dicter demain.

La vie devenait de plus en plus dure, et sans cette bienheureuse cantine si paternellement installée par M. Girard, elle devenait presque impossible. On supporta tout avec un entrain parfait et l'on s'habitua au rationnement comme à tout le reste ; de temps en temps une lueur de nouvelle glissait dans l'atelier par quelque journal ; deux fois on sut que l'ennemi avait reculé devant l'attitude bien résolue du pays d'Evreux et cet écho lointain de patriotisme venait malgré les Prussiens et malgré leurs triples lignes d'investissement, non pas raviver, mais entretenir, comme un souffle de feu, le foyer d'ardeur de notre colonie.

Comme si les fonderies d'Evreux n'avaient pas encore assez

fait, ou plutôt, comme si on les savait capables de faire l'impossible, une nouvelle tâche, remplie de difficultés mais capitale, vint incomber à l'atelier; des pièces d'un nouveau calibre se fondaient chaque jour grâce aux souscriptions nationales qui se couvraient avec une rapidité sans exemple, mais les projectiles? ces pièces de 7 si utiles, si terribles en campagne, il leur fallait de fortes provisions et le temps pressait. Ce nouvel obus réclamait des soins tout particuliers; il fallait l'envelopper d'une chemise de plomb, selon le système prussien; l'arme se chargeait par la culasse, le plomb fermait hermétiquement l'âme de la pièce; cette obturation empêchait toute déperdition de gaz; puis, le projectile forcé à sa sortie, acquérait une vitesse et une pénétration incroyables; l'enveloppe devait avoir adhérence parfaite, c'est-à-dire une adhérence que l'explosion même de l'obus devait à peine détruire; plusieurs systèmes furent essayés, ce fut celui de M. Lepainteur qui prévalut; le plus ardu de l'entreprise était fait, le reste ne demandait que de l'activité. En quelques jours seulement on para aux mille exigences de cette nouvelle fabrication; modèles, châssis, tout fut fait, et bientôt même l'obus fut coulé. Pour le plombage et le tournage, la maison Brunt mit au service des fonderies d'Evreux ses nombreux tours et son outillage important, et M. Lepainteur trouva dans M. Brunt et M. Lecourt, son fondé de pouvoirs, des collaborateurs aussi actifs qu'intelligents. Dès qu'un nom me revient, je le nomme; il me semble faire acte de justice; nous voulions si bien tous nous défendre, et l'on nous a si mal défendus! Cette dernière entreprise fut donc menée à bonne fin comme toutes les autres et si l'artillerie n'a pas été contente, j'ignore qui aurait pu la contenter; elle l'a été, je le sais; si nos canons n'ont pas toujours tiré à l'heure voulue, ce n'était pas faute de munitions, mais bien faute d'ordre.

Puis vinrent, non plus les jours sombres, mais les jours noirs; les jours où, malgré soi, malgré tout, il vous monte au cœur des bouffées de tristesse et de crainte, les jours enfin, où, énervé par quelque mauvaise nouvelle, fatigué par le travail, ayant bien froid près d'un petit feu, et peut-être faim devant un maigre repas, le corps qui souffre envoie à l'esprit de subites et profondes défaillances; moments terribles que nous avons tous passés; c'était là le plus grand danger de notre colonie et le spleen pouvait la bouleverser.

Cette effrayante maladie fut conjurée avec quelques mots souvent répétés, les mots : Patrie ! Défense ! Invasion ! Pas un seul de nos 40 soldats n'a quitté son travail pour un repos factice, pas un n'a failli et pourtant, on en était arrivé à 300 grammes de pain par jour ! 300 grammes ! et quel pain ! Dans une ville où pendant près de deux mois plus de vingt mille chevaux ont été nourris avec le bon et blanc pain du travailleur ! dans une ville où l'on a rationné l'existence de chacun 6 jours juste avant de capituler honteusement ! Si j'écrivais le siége de Paris, j'insisterais avec rage sur de pareilles monstruosités, mais je laisse à d'autres une tâche aussi grave et aussi triste; je n'écris que la vie de notre petite troupe Ebroïcienne et c'est pour moi une consolation.

Ce fut, pour nos volontaires, le moment le plus critique du siége ; ce rationnement pouvait durer longtemps ; on ignorait quelle catastrophe il cachait, et l'on avait confiance plus que jamais ; aussi, malgré cette nourriture plus qu'insuffisante, malgré des retards administratifs inqualifiables et certainement calculés, au point de laisser une fois ces hommes 36 heures sans leurs rations, malgré les figures un peu pâlies et le courage attaqué, les bras ne s'arrêtèrent pas ; on entendit toujours, jusqu'à la dernière minute, le bruit incessant et multiplié des palettes qui tassaient le sable dans le moule. Ce fut encore M. Girard qui vint au secours de ces estomacs en détresse auxquels les bras restaient cependant fidèles, et qui sut procurer miraculeusement, alors qu'on n'en trouvait plus, 40 biscuits pour nos 40 hommes.

Le jour fatal arriva ! pas une place n'était vide lorsqu'on vint dire à ces travailleurs infatigables : halte ! . Un silence étrange suivit cet ordre donné pour la première fois ; bientôt ils surent tout. Oui, cet immense vaisseau de la ville de Paris, à la devise si fière et si belle, venait de sombrer, sans bruit ; les matelots ne lui manquaient pas, cependant, mais les pilotes étaient trop faibles pour tenir sa gigantesque barre ; n'étaient-ils que faibles ? Leur avait-elle simplement échappé, ou bien l'avaient-ils brisée eux-mêmes ? L'histoire répondra.

La tristesse froide qui s'empara des ouvriers fut vraiment touchante ; j'en fus témoin et je me rappellerai longtemps ce grand atelier, bruyant d'ordinaire, silencieux tout-à-coup ; on causait par groupes et le premier qui parla famille fut le bienvenu, car ce mot magique secoua un peu la torpeur générale et vint compenser, par la joie du retour, le souvenir d'un départ qui n'avait pas rapporté ce que tous désiraient au fond du cœur, le Salut.

Mais surtout, braves mouleurs des fonderies d'Evreux, n'allez pas dire ce que j'ai entendu murmurer : « Tout ce que nous avons fait était donc inutile! » Non vous n'avez pas été inutiles, car il n'est jamais inutile de faire son devoir, car il n'est jamais inutile de montrer tout ce que l'on aurait pu obtenir d'une ville et d'un pays où le patriotisme, le dévouement, l'oubli de soi-même se sont affirmés avec tant d'énergie; vous n'avez pas été inutiles, car, lorsque Paris, avec raison, peut-être, accusait la province de froideur, d'indifférence, vous l'aviez réhabilitée cette province tant désirée, en venant les premiers, la représenter dans Paris. Grâce à vous, à vous seuls, Paris a pu tenir quatre mois et demi par le feu de ses forts; les immenses livraisons faites par vos ateliers sont une preuve irrécusable de ce que j'avance; les chiffres m'échappent mais je sais qu'ils sont décisifs; c'est à vous qu'on les doit, ne dites donc pas que vous avez été inutiles. Lorsque Paris sortira de cette dure épreuve qui l'accable, il saura reconnaître, croyez-le, ceux qui l'auront défendu, et comme un malade, après une crise, tend la main à celui qui l'a soigné, Paris se souviendra. Vous serez tous inscrits, alors, sur la grande liste d'honneur que nous dresserons; vous serez de ceux qui *y étaient*; vous y êtes venus en défenseurs volontaires, sans lois officielles, sans décret brutal; vous n'avez obéi qu'à la suprême loi du cœur et au grand décret de la conscience, je vous le répète encore, au nom de tous les Parisiens, vous êtes de vrais hommes.

Vos noms, je les connais, je les garde fidèlement; si votre franche et loyale modestie souffre de les voir inscrits en tête de cette lettre, mon impatience légitime de les faire connaître eût été mise, en les taisant, à une trop forte épreuve.

Ainsi fut terminée à Paris la mission de notre colonie d'Evreux. On ne songeait plus qu'au départ; on se demandait avec joie et crainte en même temps ce qu'on allait apprendre là-bas; si encore le patron était là! qu'était-il devenu lui aussi? puis on revenait aux siens : l'un savait que la femme n'était plus seule et que depuis le départ du père un bébé avait dû venir bien vite tenir compagnie à la maman; l'autre craignait qu'une aussi longue absence eût bien attristé et inquiété tout son monde; celui-ci pensait au vieux père seul, celui-là à un jeune frère qu'on avait pris, peut-être pour l'envoyer à l'armée (on nous faisait accroire tant de choses dans ce pauvre Paris!) et c'était alors pour tous ce doute écœurant, indécis, qui arrête et provoque tour-à-tour l'enthousiasme, souvent irréfléchi, du retour. Eh bien! ce doute allait être levé pour eux, même avant leur départ et comme par miracle.

A peine l'armistice connu, M. de Jean ne perd pas une seconde; il saute en tilbury, arrive en deux jours près de Paris, se risque sur une route où on le poursuit un peu, et ma foi, arrive quand même pour courir voir ses ouvriers.

Le départ était proche; ils devisaient de l'inconnu en ficelant les châssis, quand tout-à-coup apparaît dans l'atelier le patron! le vrai patron!!! le patron d'Evreux!!!! Jugez de l'émoi et comptez, si vous le pouvez, les serrements de mains! Sa première parole fut : « Mes amis, vos femmes vont bien, ne soyez pas inquiets. » Pour notre colonie, ce fut le Messie tout simplement, et tous ces gens-là pleuraient gravement après leur surprise passée. Les poitrines respiraient librement; on était heureux de cette première et seule nouvelle reçue depuis quatre mois et apportée précisément par le maître qui, au premier départ, avait dit : « Soyez tranquilles, je serai là. » Avant le retour il était encore là, fidèle à la parole donnée, et il disait : « Je suis content de vous. » C'était la plus belle récompense que M. de Jean pût accorder à ses hommes, et l'empressement dangereux qu'il y a mis m'a fait comprendre pourquoi nos mouleurs avaient fait si courageusement ce qu'ils ont fait.

Voilà ce qu'ont entrepris pour la défense de Paris les Fonderies d'Evreux, et le pays sera fier de cette poignée d'hommes dont le dévouement méritait, hélas! un résultat moins sombre. Rentrez au milieu des vôtres, ouvriers soldats; puissiez-vous trouver le foyer bien chaud et la huche à peu près pleine; puissiez-vous surtout, en vous rappelant cette vie de siége, inspirer à tous les vôtres pour l'avenir le même patriotisme et le même courage. Dites bien à tous, en rentrant, qu'elle ne s'est pas rendue, la grande ville, et que malgré la faim, elle n'aurait pas ouvert elle-même ses portes;

dites que l'on pleurait partout dans les rues en apprenant la capitulation que deux ou trois hommes avaient résolue sans consulter les deux millions cinq cent mille habitants ; dites que des officiers se sont tués plutôt que de rendre eux mêmes leurs forts ; dites bien tout cela vous qui étiez venus pour défendre notre ville et qui avez été trompés comme les autres. Je vous le répète et je vous le jure, Paris se souviendra de vous tous ; moi, je vous dis : Au revoir ! car j'ai besoin de vous visiter dans vos ateliers d'Evreux et de vous serrer la main encore à chacun.

Puissé-je, en racontant aussi brièvement que je l'ai fait votre vie de fatigues et d'héroïque travail, avoir payé déjà la première échéance de la dette longue et sacrée que Paris a contractée envers vous.

St-ANGE PLET.

Paris, le 20 Février 1871.

Typ. Prissette. — Lith. Hillekamp, boulevard de Strasbourg, 63

www.ingramcontent.com/pod-product-compliance
Lightning Source LLC
Chambersburg PA
CBHW060901050426
42453CB00011B/2074